ΝΑ ΜΙΛΑΤΕ ΔΗΜΟΣΙΑ ΚΑΙ ΝΑ ΑΙΧΜΑΛΩΤΙΖΕΤΕ ΤΟ ΑΚΡΟΑΤΗΡΙΟ ΣΑΣ

Απλά βήματα για να κερδίσετε οποιοδήποτε κοινό

ΝΑ ΜΙΛΑΤΕ ΔΗΜΟΣΙΑ ΚΑΙ ΝΑ ΑΙΧΜΑΛΩΤΙΖΕΤΕ ΤΟ ΑΚΡΟΑΤΗΡΙΟ ΣΑΣ

Απλά βήματα για να κερδίσετε οποιοδήποτε κοινό

γραμμένο από Nicolas Martin
μεταφρασμένο από Lina Sideris

ΝΑ ΜΙΛΑΤΕ ΔΗΜΟΣΙΑ ΚΑΙ ΝΑ ΑΙΧΜΑΛΩΤΙΖΕΤΕ ΤΟ ΑΚΡΟΑΤΗΡΙΟ ΣΑΣ

- **Πρόβλημα;** Πώς να διαχειριστείτε την ανησυχία και να ξεπεράσετε το άγχος προκειμένου να εκφραστείτε με επιτυχία δημοσίως;

- **Γιατί είναι σημαντικό;** Είναι αδύνατο να αποφύγετε τη δημόσια ομιλία στον επαγγελματικό κόσμο. Όποια και αν είναι η μορφή της παρέμβασης, η διαχείριση του άγχους για την ανάπτυξη και την ενίσχυση των δεξιοτήτων σας στη δημόσια ομιλία σε όλες τις περιστάσεις μπορεί να είναι μόνο πλεονέκτημα.

- **Επαγγελματικό πλαίσιο?** Αναζήτηση εργασίας (συνεντεύξεις, ομαδικές συνεντεύξεις), εσωτερικές παρουσιάσεις (ενός έργου, ενός τμήματος, στόχων, αποτελεσμάτων, πρακτικών συνεδριάσεων), επαγγελματικές παρεμβάσεις (συνέδρια, σεμινάρια, μαθήματα κατάρτισης, εμπορικές εκθέσεις, παρουσιάσεις σε πανεπιστήμιο/σχολή).

- **ΣΥΧΝΕΣ ΕΡΩΤΗΣΕΙΣ?**

  - Γιατί φοβόμαστε να μιλήσουμε δημόσια;

  - Ποιες πρακτικές ασκήσεις βοηθούν στην αντιμετώπιση του άγχους;

  - Πώς να προετοιμαστείτε για μια παρέμβαση;

- Ποια είναι τα λάθη που δεν πρέπει να γίνουν;

- Τι γίνεται αν χάσω την παρουσίασή μου;

- Πώς διατηρείτε την ψυχραιμία σας όταν αντιμετωπίζετε μια ερώτηση-παγίδα;

- Πρέπει να φοβόμαστε τις σιωπές;

- Είναι ακόμα απαραίτητη μια παρουσίαση PowerPoint;

Κάθε παρουσίαση σε μικρότερο ή μεγαλύτερο ακροατήριο είναι διαφορετική, καθώς το ίδιο το ακροατήριο δεν είναι ποτέ το ίδιο. Το θέμα ποικίλλει επίσης και, αν δεν είστε ειδικός στο θέμα, μπορεί επίσης να αποτελέσει πηγή άγχους. Υπάρχουν όμως και άλλοι εξωτερικοί παράγοντες, όπως ο χρόνος προετοιμασίας, η τοποθεσία της παρουσίασης και τα προσωπικά γεγονότα που μπορούν να επηρεάσουν τον καλύτερο ομιλητή.

Αλλά τότε, είμαστε καταδικασμένοι να βιώνουμε πάντα αυτή την άσκηση ως κάτι επίπονο; Διότι αν ο καλύτερος ομιλητής δεν μπορεί να κατακτήσει όλες τις παραμέτρους που καθιστούν μια δημόσια ομιλία επιτυχημένη, τι συμβαίνει με εμάς, τους απλούς ανθρώπους; Είμαστε περιορισμένοι σε μια διαρκή αντίληψη της ομιλίας; Ή, ακόμη χειρότερα, αφού ξεπεράσουμε αυτή την αντίληψη του λόγου, μήπως είμαστε αναπόφευκτα εγκλωβισμένοι σε αυτόν τον φαύλο κύκλο από τον οποίο δεν μπορούμε να ξεφύγουμε, αφού είναι αδύνατο να πάρουμε τον απόλυτο έλεγχο της κατάστασης;

Αυτό είναι θλιβερό σκεπτικό! Διότι αν και είναι αδύνατο να ελέγξουμε τα πάντα για να γλιτώσουμε από αυτό το άγχος, είναι ωστόσο εύκολο να το μειώσουμε σημαντικά χάρη σε μεθόδους και ασκήσεις που είναι προσιτές σε όλους, αρκεί να είμαστε έτοιμοι να συνοδεύσουμε αυτή την αλλαγή σε όλες τις διαστάσεις της.

Καθώς πρόκειται για μια δια βίου διαδικασία, λόγω της υποκειμενικής και εξελισσόμενης φύσης της, θα πρέπει να αποσαφηνίσετε αυτή την άσκηση ανακαλύπτοντας και οικειοποιούμενοι προσωπικά ιδέες, μεθόδους και συμβουλές που θα σας κάνουν να συνειδητοποιήσετε ότι η δημόσια ομιλία δεν είναι θανατική καταδίκη. Είναι θέμα χρόνου να νιώσετε μόνο ενθουσιασμό στη σκέψη της επόμενης δημόσιας ομιλίας σας.

"Από τότε που ήμουν παιδί, βρέθηκα πολλές φορές στο επίκεντρο του ενδιαφέροντος: αρχικά περιτριγυρισμένη από δεκάδες άλλους ανθρώπους σε χορευτικά γκαλά, στη συνέχεια μπήκα σύντομα σε μια μπάντα και κάθισα πίσω από ένα μικρόφωνο σε διάφορες συναυλίες. Το άγχος, αν και ήταν παρόν, με παρέσυρε και δεν έμοιαζε να με παραλύει.

Παρά τη σχετικά συχνή έκθεση στο κοινό, η άσκηση της ομιλίας μπροστά σε μια ομάδα αποδείχθηκε πάντα δύσκολη και επικίνδυνη. Ένας κόμπος στο στομάχι κατά τη διάρκεια των αποφασιστικών στιγμών (μερικές φορές ώρες) που προηγούνται της ομιλίας, και πολύ γρήγορα, μόλις ειπωθούν οι πρώτες προτάσεις, ερυθρότητα στα μάγουλα, η οποία σύντομα εξαπλώνεται στο υπόλοιπο πρόσωπο. Αδύνατον να κρυφτούν λόγω της έντονης αίσθησης θερμότητας που τα συνοδεύει. Εκτός του ότι με κάνουν να αισθάνομαι εντελώς γελοία, διαταράσσουν τη συγκέντρωσή μου και κάνουν την άσκηση ανυπέρβλητη. Καθώς δεν είμαι εκ βάθρων ντροπαλός άνθρωπος, δεν μπορώ να καταλάβω τι μπορεί να με φέρει σε μια τέτοια κατάσταση.

Τελικά στη μουσική βρήκα την απάντησή μου: αυτό που με φοβίζει είναι, στην πραγματικότητα, ο αυτοσχεδιασμός. Με τον ίδιο τρόπο που δεν μπόρεσα να επινοήσω στίχους κατά τη διάρκεια ενός μουσικού τζαμιού, δυσκολεύομαι πολύ να απαντήσω σε μια απρόβλεπτη ερώτηση κατά τη διάρκεια μιας παρουσίασης, και γενικά, να εγκαταλείψω το πλαίσιο που έχω θέσει ο ίδιος, επιχειρώντας να κινηθώ σε ολισθηρά μονοπάτια.

Το άγχος που συνδέεται με τη δυσκολία του άμεσου αυτοσχεδιασμού μπροστά σε μια απρόβλεπτη αντίδραση εξακολουθεί να αποτελεί εμπόδιο που βιώνω στην επαγγελματική μου ζωή. Ως υπεύθυνος διάδοσης για μια καλλιτεχνική εταιρεία, το κύριο καθήκον μου είναι να τηλεφωνώ σε προγραμματιστές που προσεγγίζονται δεκάδες φορές την ημέρα για να τους πείσω να προγραμματίσουν αρκετές από τις παραστάσεις μου. Το να μπορώ να παρουσιάζω μια παράσταση τέλεια (κάτι που μερικές φορές δεν έχω δει) και να απαντώ σε όλα τα πιθανά εμπόδια και αντιρρήσεις δεν έχει γίνει ακόμη μια πτυχή της δουλειάς μου που να έχω κατακτήσει πλήρως.

Ωστόσο, καθώς η ομιλία ήταν αναπόσπαστο μέρος των σπουδών μου και τώρα είναι επίσης μέρος της επαγγελματικής μου ζωής, έχω μάθει να τις παρακάμπτω, αν όχι να τις λύνω.

Μαρτυρία της Anne Rouchouse (υπεύθυνη για τη διάδοση στον πολιτιστικό τομέα)

ΤΑ ΒΑΣΙΚΑ ΣΤΟΙΧΕΙΑ ΤΗΣ ΣΙΓΟΥΡΗΣ ΟΜΙΛΙΑΣ

Δεν χρειάζονται ακριβείς αριθμοί για να συνειδητοποιήσει κανείς πόσοι άνθρωποι υποφέρουν από αυτή τη φοβία. Ο φόβος της δημόσιας ομιλίας, ή "γλωσσοφοβία" – από τα ελληνικά [*glossa*] "γλώσσα" και [*phobos*] "φόβος" – είναι ένας από τους πιο διαδεδομένους φόβους. Πράγματι, τουλάχιστον τρεις στους τέσσερις ανθρώπους θα αισθάνονταν άγχος να μιλήσουν μπροστά σε μια ομάδα. Με άλλα λόγια, οι περισσότεροι από τους ανθρώπους που στέκονται μπροστά σας σε μια από τις παρουσιάσεις σας θα ήταν εξίσου αγχωμένοι στη θέση σας. Αν και αυτό μπορεί να είναι αρχικά καθησυχαστικό, δυστυχώς δεν είναι αρκετό για να ξεπεραστεί το "ανυπέρβλητο".

Το να ξεπεράσετε το φόβο της δημόσιας ομιλίας και να κάνετε μια παρουσίαση που να είναι δυναμική και αριστοτεχνική από κάθε άποψη είναι μια μακρά διαδικασία. Σπάνια θα μπορείτε να επαναπαύεστε στις δάφνες σας, καθώς κάθε παρουσίαση είναι διαφορετική. Ωστόσο, θα αναπτύξετε μια μέθοδο και κόλπα που μπορείτε να προσαρμόσετε στις δικές σας παρουσιάσεις και περιστάσεις.

Η ΑΡΧΗ, ΝΑ ΘΕΣΟΥΜΕ ΟΛΕΣ ΤΙΣ ΕΡΩΤΗΣΕΙΣ

Πρώτο βήμα: καταιγισμός ιδεών

Ο καταιγισμός ιδεών είναι μια τεχνική που χρησιμοποιείται συχνά στον επαγγελματικό κόσμο, επειδή έχει αναμφισβήτητα πλεονεκτήματα. Όταν προετοιμάζεστε για μια δημόσια ομιλία, στην οποία είστε εσείς ο πρωταγωνιστής, αυτή η τεχνική μπορεί να σας φανεί χρήσιμη για να καταγράψετε όλα όσα προσωπικά δεν σας αρέσουν και όλα όσα τραβούν την προσοχή σας κατά τη διάρκεια μιας παρουσίασης.

Αυτός ο προβληματισμός πρέπει να προηγείται κάθε πρωτοβουλίας παρουσίασης- πραγματοποιείται ακόμη και πριν θέσετε τους στόχους μιας παρουσίασης που πρόκειται να κάνετε, διότι μόλις βυθιστείτε σε ένα συγκεκριμένο θέμα, κινδυνεύετε να χάσετε την απόσταση που σας επέτρεπε νωρίτερα να σκεφτείτε την ιδανική δομή μιας πειστικής ομιλίας, ανεξαρτήτως θέματος. Το θέμα εδώ δεν είναι να επικεντρωθούμε σε μια συγκεκριμένη παρουσίαση, αλλά να βρούμε μια μεθοδολογία για όλες τις μελλοντικές ομιλίες. Οι στόχοι του καταιγισμού ιδεών είναι :

- από τη μία πλευρά, να αποδεσμευτείτε από ένα υπερβολικά άκαμπτο πλαίσιο και να αφήσετε τον προβληματισμό σας να μετακινηθεί σε στοιχεία που εκ πρώτης όψεως φαίνονται λιγότερο σημαντικά,

- από την άλλη πλευρά, από τα πρώτα κιόλας στάδια της διαδικασίας προετοιμασίας, να είστε ήρεμοι και να κάνετε μια καλή αρχή, ώστε να καταπολεμήσετε το άγχος και την ανησυχία σας το συντομότερο δυνατό και σταδιακά.

👁 ΠΡΑΚΤΙΚΗ ΑΣΚΗΣΗ

Αξιοποιήστε τις εμπειρίες σας! Αναρωτηθείτε τι δεν σας άρεσε στις παρουσιάσεις που παρακολουθήσατε και τι θα σας έκανε να ακούσετε καλύτερα. Γνωρίζοντας αυτά τα συγκεκριμένα παραδείγματα και τα αντιπαραδείγματα, θα είστε σε θέση να κατανοήσετε καλύτερα τα τεχνάσματα που βοηθούν στην προσέλκυση της προσοχής του κοινού.

Με βάση τις παρατηρήσεις σας, θα πρέπει να έχετε μια ελα-φρώς σαφέστερη ιδέα για το πώς θα μπορούσε να μοιάζει η μελλοντική σας παρουσίαση. Και δεδομένου ότι μια επιτυχη-μένη παρουσίαση είναι ένας αρμονικός συνδυασμός μορφής και περιεχομένου, μπορείτε επίσης να εφαρμόσετε αυτή την τεχνική στο περιεχόμενο. Στη συνέχεια, εναπόκειται σε εσάς να κρίνετε τη χρησιμότητά του σε σχέση με το τι γνωρίζετε ήδη για το θέμα και τι χρειάζεστε.

Για όσους από εσάς έχετε πολύ ανήσυχη φύση, αφιερώστε χρόνο για να κάνετε αυτό το brainstorming και για το υπόβα-θρο. Έχοντας εξ αρχής μια γενική εικόνα των γνώσεών σας για το συγκεκριμένο θέμα – Χρειάζεται να κάνω περαιτέρω έρευνα για να κατακτήσω το θέμα; -Αυτό θα σας επιτρέψει να συνεχίσετε τον αγώνα σας κατά του άγχους στοχεύοντας άμεσα στις πιθανές πηγές του. Πράγματι, όταν μιλάτε, ένα μεγάλο μέρος του άγχους προέρχεται από το γεγονός ότι μερικές φορές δεν έχετε κατανοήσει επαρκώς ορισμένα στοι-χεία και φοβάστε ότι αυτό θα αποκαλυφθεί την ημέρα. Επομένως, σας συμβουλεύουμε να κάνετε μια ευρεία σάρωση για να αποκτήσετε ηρεμία!

Δεύτερο βήμα: καθορισμός πλαισίου

Πριν αρχίσετε να βυθίζεστε στην καρδιά της προετοιμασίας της ομιλίας σας, είναι απαραίτητο να θέσετε στον εαυτό σας ορισμένα προκαταρκτικά ερωτήματα (όχι εξαντλητικός κατάλογος).

- **Με τι είδους κοινό θα έχω να κάνω;** Είναι σημαντικό να γνωρίζετε αν το κοινό είναι ομοιογενές ή ετερογενές, ειδικοί ή αρχάριοι, και να καθορίσετε τις προσδοκίες τους.

- **Ποιος είναι ο γενικός στόχος της παρέμβασής μου;** Για να ενημερώσετε; Για να εκπαιδεύσετε; Να πείσω; Να πείσω; Διασκεδάζετε;

- **Ποιοι είναι οι επιμέρους στόχοι;** Μπορείτε να διατυπώσετε έως και τρεις. Προκύπτουν από τον γενικό στόχο, αλλά είναι πιο συγκεκριμένοι, συχνά μετρήσιμοι. Για παράδειγμα, οι περισσότεροι άνθρωποι (τα 3/4 των συμμετεχόντων) θα πρέπει να φύγουν από τη συνάντηση γνωρίζοντας πώς να χρησιμοποιούν το νέο περιβάλλον εργασίας του intranet.

- **Ποια μέσα διαθέτω για την επίτευξη αυτών των στόχων;** Μπορεί να είναι υλικές ή άυλες: η εξειδίκευσή σας, η ικανότητά σας να εξηγήσετε ή να απαντήσετε σε μια ερώτηση κ.λπ.

- **Ποια είναι τα περιουσιακά μου στοιχεία για αυτή την παρέμβαση;** Μη διστάσετε να κρύψετε τον εαυτό σας και να αναδείξετε τα προσόντα σας.

 ## ΜΙΚΡΟ ΣΥΝ

Πάρα πολλοί άνθρωποι τείνουν να υποτιμούν τον εαυτό τους και να βιώνουν την ομιλία ως αναπόφευκτο γεγονός, ειδικά αν τους επιβάλλεται. Ο αναστοχασμός των προσόντων τους θα τους επέτρεπε να αντιδράσουν σε αυτή τη συστηματική υποτίμηση και να τοποθετηθούν στην αντίθετη δυναμική, αυτή της "αυτο-απολογίας" και της πλήρους επίγνωσης των ικανοτήτων τους.

ΠΡΟΕΤΟΙΜΑΣΙΑ, ΓΙΑ ΤΟΝ ΕΛΕΓΧΟ ΟΛΟΚΛΗΡΗΣ ΤΗΣ ΠΑΡΕΜΒΑΣΗΣ

Η προετοιμασία πρέπει να βρίσκεται στο επίκεντρο των ανησυχιών σας. Οι προσωπικοί γυμναστές και οι ειδικοί επί του θέματος θα σας πουν ότι πάνω από τα τρία τέταρτα της επιτυχίας σας έγκειται στην ικανότητά σας να προετοιμάζεστε καλά. Και όπως και στις προκαταρκτικές ερωτήσεις, πρόκειται για εργασία τόσο στο περιεχόμενο όσο και στη μορφή.

Το υπόβαθρο

Έχετε ήδη καταφέρει να σκεφτείτε το περιεχόμενο της ομιλίας σας μέσω ενός καταιγισμού ιδεών εκ των προτέρων. Απλοποιήστε τώρα την εργασία σας λαμβάνοντας υπόψη τρία βασικά στοιχεία:

- Αναζητώντας πληροφορίες που εξακολουθούν να σας διαφεύγουν,

- τη διευθέτηση των ιδεών μέσω της ανάπτυξης ενός σαφούς σχεδίου για την παράδοση ενός ακριβούς, καταιγιστικού και επαγγελματικού μηνύματος,

- να γράψετε μέρος ή ολόκληρη την ομιλία σας, η οποία θα χρησιμοποιηθεί ως "παρτιτούρα" κατά τη διάρκεια των προβών.

 **ΣΥΜΒΟΥΛΗ ΓΙΑ ΑΤΟΜΑ ΜΕ ΑΓΧΟΣ**

Πρώτον, γράψτε ολόκληρη την ομιλία σας. Αυτό θα σας επιτρέψει να δώσετε τις δικές σας λέξεις στις ιδέες που θέλετε να αναπτύξετε, έτσι ώστε να αναλάβετε την ευθύνη του θέματος, συνεχίζοντας παράλληλα να καταπολεμάτε το άγχος.

Εάν πρόκειται να βασιστείτε σε μια παρουσίαση *PowerPoint* κατά τη *διάρκεια* της ημέρας, εκμεταλλευτείτε την ευκαιρία για να ξεκινήσετε. Αλλά προσέξτε να μην παραλείψετε κανένα βήμα! Είναι καλύτερο να ξεκινήσετε συμπληρώνοντας μόνο τις διαφάνειες. Η μορφοποίηση θα έρθει αργότερα. Δουλέψτε λοιπόν πρώτα σε λευκά φόντα.

Το σχήμα

Όταν έχετε προχωρήσει στην ουσία της παρουσίασής σας, είναι καιρός να σκεφτείτε τη μορφή που θα δώσετε στις ιδέες σας. Επιστρέψτε στο σχέδιο που κάνατε εκ των προτέρων, ώστε να μπορείτε εύκολα να συνδυάσετε τα διάφορα τμήματα της παρουσίασής σας.

Σε αυτό το σημείο, πρέπει να πάρετε όσα καταγράψατε στη συνεδρία καταιγισμού ιδεών και να τα προσαρμόσετε σε προφορικό ύφος. Μην κάνετε κανένα λάθος, το ύφος σας, όσο καλό και αν είναι γραπτά, αναπόφευκτα θα φαίνεται πιο βαρύ και λιγότερο φυσικό όταν προφέρεται. Γι' αυτό δουλέψτε ιδιαίτερα σκληρά σε αυτή την πτυχή, ώστε να μην κινδυνεύσετε να χάσετε την προσοχή του κοινού σας.

👁 ΠΡΟΣΑΡΜΟΓΗ ΤΗΣ ΟΜΙΛΙΑΣ ΣΑΣ

Αν και η χρήση τεχνικής ορολογίας μπορεί να σας καθησυχάσει, μην κάνετε το λάθος να νομίζετε ότι το ακροατήριό σας αποτελείται από ειδικούς στον τομέα. Φροντίστε να απλοποιήσετε το θέμα με το οποίο ασχολείστε, ακόμη και αν αυτό σημαίνει απλοποίηση ορισμένων πληροφοριών, αν είναι απαραίτητο.

Χρησιμοποιήστε μεταφορές κατάλληλες για το ακροατήριό σας, όπου είναι δυνατόν. Εάν παρουσιάζετε ένα πιο σύνθετο έργο ή μια τεχνική αλλαγή, μη διστάσετε να παρουσιάσετε τα σημεία σας με σαφείς συγκρίσεις που να απευθύνονται σε όλους.

Αυτή η γλωσσική απαίτηση απαιτεί ανοιχτό μυαλό και χρόνο. Εκτός από αυτό, η αναζήτηση πληροφοριών και η οργάνωση ιδεών θα καταλαμβάνουν συνήθως μόνο ένα μικρό μέρος του χρόνου σας.

Για άλλη μια φορά, δουλέψτε μεθοδικά:

* ενότητα μετά την ενότητα, με τη σειρά της παρουσίασής σας,

* το υλικό σας, όπως η παρουσίασή σας *στο PowerPoint,* αν έχετε αποφασίσει να την κάνετε.

ΣΧΗΜΑΤΙΚΗ ΑΝΑΠΑΡΑΣΤΑΣΗ ΣΤΟ *POWERPOINT*

Χειριζόμενοι τις ιδέες που σκοπεύετε να αναπτύξετε στην ομιλία σας, θα μπορέσετε να περιγράψετε ορισμένες από αυτές στις διαφάνειές σας (χρησιμοποιώντας, για παράδειγμα, τα πρότυπα μορφοποίησης που προσφέρει το λογισμικό). Αυτό θα προσθέσει αξία στην παρουσίασή σας *στο PowerPoint*: εγγυημένο οπτικό αποτέλεσμα και αποτελεσματικότητα!

Προσομοίωση

Για να γίνει καλύτερα αντιληπτή η μετάβαση από το γραπτό στο προφορικό ύφος, παραθέτουμε ένα παράδειγμα παρουσίασης συστάσεων σχετικά με την πολιτιστική δράση της Γαλλίας στον κόσμο, προκειμένου να ανακτήσει τη δυναμική και την πολιτιστική της επιρροή.

- **Γραπτή ομιλία :**

> *"Εάν η Γαλλία επιθυμεί να ανακτήσει μια πολιτιστική επιρροή συγκρίσιμη με εκείνη του περασμένου αιώνα, η εξωτερική πολιτιστική της δράση πρέπει να βασίζεται σε μια στρατηγική τριών σταδίων, που θα εκτελούνται ταυτόχρονα και δεν θα διαχωρίζονται μεταξύ τους.*
>
> *Πράγματι, είναι απαραίτητο για τη Γαλλία να καταφέρει να σταθεροποιήσει το πολιτιστικό της δίκτυο που έχει αναπτυχθεί στο εξωτερικό, αλλά και να παρουσιάσει στο εσωτερικό της, τις μεταρρυθμίσεις που έχουν αναληφθεί όσον αφορά την ποιότητα και την ποσότητα, όπως επίσης είναι απαραίτητο να προχωρήσει σε μια αξιολόγηση της εικόνας της πολιτιστικής δράσης στο εξωτερικό για να κατανοήσει τις διαφορετικές αντιλήψεις, χωρίς να ξεχνά να επιλύσει τα προβλήματα που εξακολουθούν να επηρεάζουν το δίκτυο στο εσωτερικό.*
>
> *Από την άλλη πλευρά, το δίκτυο πρέπει ταυτόχρονα να ακολουθεί μια πολιτική προώθησης βασικών τομέων δράσης, δίνοντάς τους προτεραιότητα σε ορισμένες γεωγραφικές περιοχές. Σε*

αυτούς περιλαμβάνονται ο κινηματογραφικός, ο μουσικός και ο λογοτεχνικός τομέας, συμπεριλαμβανομένων των βιβλίων και των συγγραμμάτων.

Τέλος, για να ολοκληρωθεί αυτή η στρατηγική σε τρία μέτωπα, η Γαλλία πρέπει να επιβεβαιώσει τη στροφή της πολιτιστικής της πολιτικής, δηλαδή τη διαπολιτισμική και διεπιστημονική διάσταση της δράσης της στο εξωτερικό. Είτε πρόκειται για φεστιβάλ στη Λατινική Αμερική, είτε για την υποδοχή ξένων καλλιτεχνών και πολιτισμών στο εθνικό έδαφος, είτε για την υπεράσπιση πολιτιστικών θεμάτων όπως η διεθνής κληρονομιά στη Συρία ή στο Μάλι, είτε για την υπεράσπιση απειλούμενων λαών όπως οι Ουιγούροι. Η Γαλλία θα μπορούσε να τοποθετήσει τη δράση της σε μια δυναμική αμφίδρομης πολιτιστικής συνεργασίας και να ανακτήσει έτσι μια ορισμένη παγκόσμια επιρροή.

Τα τρία βασικά στοιχεία είναι εμφανώς διακριτά στη γραφή μέσω των τριών παραγράφων. Ωστόσο, αυτές οι τρεις παράγραφοι θα πρέπει να γίνουν πιο ορατές σε προφορική μορφή.

- **Προφορική ομιλία :**

"Στο πλαίσιο της εξωτερικής πολιτιστικής δράσης της Γαλλίας πρέπει να γίνουν τρεις συστάσεις. Αν η χώρα θέλει να ανακτήσει μια ορισμένη παγκόσμια επιρροή σε πολιτιστικό επίπεδο, η γαλλική πολιτιστική διπλωματία πρέπει πρώτα να σταθεροποιηθεί (χρειάζεται σταθεροποίηση),

όσον αφορά το δίκτυό της, τη φύση και το ρυθμό των μεταρρυθμίσεων, τη συνειδητοποίηση της τρέχουσας εικόνας της και την επίλυση των εσωτερικών προβλημάτων. Στη συνέχεια πρέπει να ενισχύσει (πρέπει να ενισχύσει) συγκεκριμένα πεδία δράσης, όπως ο κινηματογράφος, η μουσική, τα βιβλία και τα συγγράμματα, και τέλος να επιβεβαιώσει (πρέπει να επιβεβαιώσει) την πολιτιστική και διεπιστημονική πολιτική της (για παράδειγμα: φεστιβάλ στη Λατινική Αμερική + υποδοχή ξένων καλλιτεχνών και πολιτισμών + υπεράσπιση πολιτιστικών αιτημάτων, βλ. Συρία και Μάλι + υπεράσπιση απειλούμενων λαών, βλ. λαός Ουιγούρων).

Οι λέξεις που χρησιμοποιούνται είναι πιο γενικές και η δομή της πρότασης απλούστερη, ενώ η χρήση επαναλήψεων, όπως το "πρέπει να", συμβάλλει στην έμφαση των τριών λέξεων-κλειδιών στις οποίες επιδιώκεται η προσοχή του κοινού: "σταθεροποίηση", "ενίσχυση" και "επιβεβαίωση". Η χρήση αυτών των τριών λέξεων-κλειδιών μπορεί να συνοδεύεται από χειρονομίες που εφιστούν την προσοχή του ακροατηρίου στο διάγραμμα *του PowerPoint*.

- **Μοντελοποίηση στο PowerPoint :**

Η διαφάνεια είναι λιτή, χωρίς υπερφόρτωση κειμένου. Οι λέξεις-κλειδιά παρουσιάζονται με σαφήνεια και σε διάγραμμα που σας επιτρέπει να κατανοήσετε τη σχέση μεταξύ των ιδεών. Δεν χρειάζεται να συμπεριλάβετε τα παραδείγματα που θα υποστηρίξουν την ομιλία σας και θα κάνουν τις λέξεις-κλειδιά πιο σαφείς.

ΑΔΙΑΨΕΥΣΤΗ ΣΥΜΒΟΥΛΗ

Για να διατηρήσετε την προσοχή του ακροατηρίου σας κατά το χειρισμό της παρουσίασής σας *στο PowerPoint*, φροντίστε να μην γράφετε ολόκληρες προτάσεις και να τις διαβάζετε. Εξ ου και η ανάγκη να χρησιμοποιείτε μόνο λέξεις-κλειδιά, φράσεις και διαγράμματα ιδεών, ώστε το ακροατήριό σας να συμμετέχει ενεργά και να καταβάλλει προσπάθεια να κατανοήσει τους δεσμούς μεταξύ των όσων λέτε και του υλικού σας.

Εκπαίδευση ή πρόβες

Τώρα που όλα τα στοιχεία είναι έτοιμα, μπορείτε να αρχίσετε να κάνετε πρόβες για την παρουσίαση με μεγαλύτερη αυτο-πεποίθηση και έλεγχο. Πρόκειται για μια κατ' εξοχήν περίοδο τελειοποίησης, η οποία αποσκοπεί στην ευθυγράμμιση της ουσίας και της μορφής.

Η εξάσκηση απαιτεί ένα ορισμένο βαθμό αυταπάρνησης, επειδή πρέπει να αφήσετε τα πράγματα να συμβούν με φυσικό και λογικό τρόπο. Ιδέες που νομίζατε ότι θα κυλούσαν με έναν συγκεκριμένο τρόπο μπορεί να γίνουν πιο σαφείς αν τις παρουσιάσετε διαφορετικά. Η χρήση των υλικών σας μπο-ρεί επίσης να αποτελέσει ζήτημα. Το *PowerPoint* σας βελτιώ-νει την κατανόηση της ομιλίας σας; Μήπως κάνει τα πράγματα πιο περίπλοκα από ό,τι είναι στην πραγματικότητα;

Αυτή η στιγμή, η οποία είναι σίγουρα κοντά στην πραγματική ομιλία, αξίζει την πλήρη προσοχή σας, διότι μπορείτε να είστε βέβαιοι ότι θα πρέπει να προσαρμόσετε πολλά σημεία της παρουσίασης. Αφιερώστε λοιπόν τόσο χρόνο σε αυτό όσο θα αφιερώνατε στην εργασία σας πάνω στη φόρμα, για τον απλούστατο λόγο ότι είναι η συνέχεια της φόρμας, και εξασκηθείτε μπροστά σε διαφορετικά ακροατήρια για να είστε προετοιμασμένοι για όλα τα ενδεχόμενα!

• Μόνος σας, προκειμένου να προσαρμόσετε την ομιλία και τις διαφάνειες σας και να προσφέρετε στο ακροατήριό σας μια συνεκτική, ακριβή και επαγγελματική ομιλία.

• Μπροστά σε ένα ή δύο άτομα που γνωρίζετε, για να δοκιμάσετε τη γλώσσα του σώματός σας, τον μαγνητισμό σας και τη σαφήνεια των λόγων σας.

• Μπροστά σε ένα ή δύο άτομα του ίδιου τύπου με αυτούς που θα αποτελέσουν το κοινό σας την ημέρα, για τυχόν πιο τεχνικές πτυχές και για να σας προετοιμάσουν, μεταξύ άλλων, για ερωτήσεις που δεν είχατε σκεφτεί.

 ## ΜΙΚΡΟ ΣΥΝ

Δουλέψτε πάνω στην εισαγωγή σας, δοκιμάζοντας διάφορα αγκίστρια για να δείτε τι τραβάει την προσοχή από την αρχή, ώστε να είστε πιο σίγουροι για το υπόλοιπο της παρουσίασης.

Χάρη σε αυτές τις ασκήσεις ρόλων, θα λάβετε άμεση ανατροφοδότηση από τα "πειραματόζωα" σας. Τώρα είναι στο χέρι σας να κάνετε προσαρμογές και να τελειοποιήσετε ορισμένες λεπτομέρειες! Επιπλέον, κάνοντας πρόβες με διαφορετικό τρόπο για την παρουσίασή σας, θα κατακτήσετε το περιεχόμενό της χωρίς πολύ κόπο και θα έχετε περισσότερο χρόνο για αυτό που φοβάστε περισσότερο: την αντιπαράθεση με τα μάτια του ακροατηρίου σας.

Η ΕΝ ΛΟΓΩ ΠΑΡΟΥΣΙΑΣΗ, ΓΙΑ ΤΗΝ ΚΑΛΥΤΕΡΗ ΔΙΑΧΕΙΡΙΣΗ ΤΗΣ ΠΡΟΟΔΟΥ ΤΗΣ

Η μεγάλη μέρα πλησιάζει. Είχατε χρόνο για εξάσκηση και έχετε κατακτήσει το θέμα σας, την παρουσίαση *PowerPoint*, την ομιλία σας και τον τρόπο με τον οποίο θα την εκφωνήσετε. Ωστόσο, εξακολουθείτε να αισθάνεστε το άγχος του να φαντάζεστε τον εαυτό σας μπροστά στο υπόλοιπο δωμάτιο. Μην πανικοβάλλεστε και αφιερώστε χρόνο για να χαλαρώσετε με μερικές ασκήσεις.

Πριν από την παρουσίαση, ασκήσεις αναπνοής

Για να μειώσετε το άγχος σας λίγο πριν ξεκινήσετε, μπορείτε να κάνετε μερικές απλές ασκήσεις αναπνοής που θα σας πάρουν μόνο λίγα λεπτά.

- **Τετραγωνική ή τετράγωνη αναπνοή**: μετρήστε μέχρι το 4 καθώς εισπνέετε, κρατήστε την αναπνοή σας για άλλα 4 δευτερόλεπτα, στη συνέχεια εκπνεύστε μετρώντας μέχρι το 4 και κρατήστε την αναπνοή σας ξανά για 4 δευτερόλεπτα. Μπορείτε να επαναλάβετε αυτόν τον κύκλο για περίπου δέκα λεπτά για να βοηθήσετε στη ρύθμιση της αναπνοής και των καρδιακών παλμών σας.

- **Αναπνοή εν κινήσει**: επιτρέψτε στον εαυτό σας έναν σύντομο περίπατο κατά τη διάρκεια του οποίου θα επικεντρωθείτε στην αναπνοή σας, εισπνέοντας από τη μύτη και εκπνέοντας από το στόμα για όλη τη διάρκεια. Μπορείτε να περπατήσετε γύρω από το τετράγωνο, γύρω από ένα κτίριο, ανάλογα με το περιβάλλον σας.

- **Η απελευθερωτική αναπνοή:** πάρτε μια βαθιά εισπνοή και εκπνοή, ενώ ταυτόχρονα ρίχνετε τα χέρια σας στο έδαφος. Πετώντας τα χέρια σας στο έδαφος μπορεί να νιώσετε απελευθέρωση, σαν να απαλλαγείτε από το άγχος και την ανησυχία πετώντας τα στο έδαφος. Μη διστάσετε να απομονωθείτε για να κάνετε αυτή την άσκηση!

Κατά τη διάρκεια της παρουσίασης, σημεία που πρέπει να έχετε κατά νου

Η παρουσίαση αρχίζει. Έχετε κάνει κάποιες ασκήσεις για να επιβραδύνετε τους καρδιακούς σας παλμούς και τώρα ήρθε η ώρα να ξεκινήσετε.

Αν έχετε την ευκαιρία, ανταλλάξτε μερικές κουβέντες με κάποιον γνωστό σας μέχρι να αρχίσετε να μιλάτε. Ο σκοπός αυτού είναι να αποσπάσει την προσοχή σας από την επικείμενη ομιλία, να σας κάνει να σκεφτείτε κάτι άλλο, ώστε να μην καταστρέψετε τις ασκήσεις χαλάρωσης. Δεδομένης της προετοιμασίας που έχετε κάνει εκ των προτέρων, δεν υπάρχει κανένας λόγος να αγχώνεστε λίγα λεπτά πριν από την έναρξη!

Κατά τη διάρκεια της παρουσίασής σας, προσπαθήστε όσο το δυνατόν περισσότερο να :

- να διασφαλίζεται η συνολική συνοχή, καθώς οι αλλαγές οποιουδήποτε είδους μπορούν να προκαλέσουν σύγχυση στο ακροατήριο και να το αποσπάσουν από το λόγο,

- πάρτε χρόνο να αναπνεύσετε ,

- ελέγξτε το ρυθμό ομιλίας σας ,

- να έχετε ένα μπουκάλι νερό πρόχειρο,

- μην φοβάστε μερικά δευτερόλεπτα σιωπής,

- να μην παραμείνει στατική,

- παραμείνετε αισιόδοξοι και θετικοί.

 ΝΑ ΑΠΟΦΕΥΓΕΤΑΙ

Αποφύγετε να κοιτάτε αλλού ή να κοιτάτε στο κενό. Όλοι έχουν δοκιμάσει αυτές τις τεχνικές και το μόνο που κάνουν είναι να εστιάζουν την προσοχή του κοινού σας στο άγχος σας. Αντιθέτως, προσπαθήστε να ενδιαφερθείτε για το ακροατήριό σας, για παράδειγμα ζητώντας εκ των προτέρων έναν κατάλογο των συμμετεχόντων ή μαθαίνοντας το προφίλ ορισμένων από τους παρευρισκόμενους κατά τη διάρκεια της ομιλίας σας.

Το απροσδόκητο, προς μια πιθανή μακρά εργασία για τον εαυτό σας

Αν κατά τη φάση της προετοιμασίας το απροσδόκητο ήταν ήδη πηγή άγχους, εν αναμονή των ερωτήσεων, των αντιδράσεων ή των κινδύνων, το ίδιο ισχύει και κατά τη διάρκεια της παρουσίασης. Μερικοί άνθρωποι που έχουν μάθει να παρουσιάζουν την παρουσίασή τους δεν θα νιώσουν συγκλονισμένοι από μια απροσδόκητη ερώτηση ή παρατήρηση, ενώ άλλοι μπορεί να χάσουν τα νεύρα τους. Αν ανήκετε στην τελευταία κατηγορία, θα πρέπει να γνωρίζετε ότι η εκμάθηση της αντιμετώπισης του απροσδόκητου είναι μια μακροπρόθεσμη διαδικασία και ότι δεν θα αλλάξουν όλα με μια παρουσίαση. Ακριβώς μέσω της εξάσκησης θα μπορέσετε να εφαρμόσετε ορισμένες τεχνικές και έτσι να διαχειριστείτε καλύτερα αυτά τα απρόβλεπτα γεγονότα.

Σε γενικές γραμμές, για να αρχίσετε να κοιτάτε μέσα σας, ώστε να ανταποκρίνεστε καλύτερα στο απροσδόκητο, θα πρέπει να μάθετε να :

- να διαχειρίζεστε τα συναισθήματά σας και επομένως να γνωρίζετε καλά τον εαυτό σας,

- να είναι προσαρμόσιμοι και ευέλικτοι,

- Να βάζετε τα πράγματα σε μια προοπτική και να παραμένετε αισιόδοξοι.

Αν και η προετοιμασία για δημόσια ομιλία είναι καλή από μόνη της, μπορεί επίσης να σας κάνει λιγότερο ανοιχτούς στο απροσδόκητο και επομένως λιγότερο φυσικούς και ανοιχτούς σε συζητήσεις. Για το λόγο αυτό, είναι καλύτερο να έχετε εξαρχής κατά νου ότι δεν θα μπορείτε να ελέγξετε ορισμένα πράγματα και να μεγιστοποιήσετε αυτή την εξοικονόμηση χρόνου δουλεύοντας περισσότερο στη διαχείριση των αντιδράσεών σας σε απρόβλεπτες καταστάσεις. Θα αποκτήσετε αυτοπεποίθηση και γαλήνη.

> *Συνέχεια και τέλος της κατάθεσης της Anne Rouchouse (υπεύθυνη για τη διάδοση στον πολιτιστικό τομέα)*
>
> *"Τώρα προετοιμάζω όσο το δυνατόν περισσότερο εκ των προτέρων για μια πιθανή μελλοντική ομιλία, ώστε να έχω χρόνο να εξερευνήσω και να εντρυφήσω στο θέμα μου πέρα από αυτό με το οποίο θα ασχοληθώ πραγματικά. Η αφομοίωση πληροφοριών που σχετίζονται στενά ή απομακρυσμένα με το αντικείμενό μου μου δίνει νομιμότητα και ηρεμία όταν έρθει η ώρα.*

Καταρτίζω ένα λεπτομερές περίγραμμα της συνέντευξης όπως τη φαντάζομαι, στη συνέχεια γράφω όλα όσα σκοπεύω να πω και στη συνέχεια τα μαθαίνω σχεδόν απ' έξω. Φυσικά, το πρώτο περίγραμμα επεξεργάζεται αρκετές φορές κατά τη διάρκεια της προφορικής εκπαίδευσης. Είναι η αναθεωρημένη εκδοχή που θα μάθω μέχρι να την ξέρω απ' έξω.

Ως άτομο που απομνημονεύει τις πληροφορίες ιδιαίτερα καλά μέσω της ανάγνωσης, η επεξεργασία της ιστορίας μου για να την προσαρμόσω στην ομιλία, η εκ νέου ανάγνωσή της και η διόρθωσή της γραπτώς με βοηθάει πολύ στην εκμάθησή της. Έτσι, μου χρειάζονται σχετικά λίγες επαναλήψεις μετά για να το μάθω.

Χρονομετρώ τον εαυτό μου, παρόλο που δεν υπάρχει χρονικό όριο. Το βρίσκω καθησυχαστικό να έχω τον έλεγχο του παράγοντα χρόνος, παρόλο που έχουμε την τάση να εκφραζόμαστε με διαφορετική ταχύτητα όταν μιλάμε.

Το βράδυ πριν μιλήσω, κάνω εξάσκηση λίγο πριν πέσω για ύπνο, γιατί πραγματικά νιώθω ότι ο "ύπνος πάνω σε αυτό" είναι αποτελεσματικός!

Δίνω χρόνο στον εαυτό μου να προβάρει την παρουσίασή μου λίγο πριν από την προθεσμία. Αν όλα πάνε καλά, νιώθω αυτοπεποίθηση και το μεγαλύτερο μέρος του άγχους μου εκτονώνεται. Αν όχι, συνειδητοποιώ τα σημεία που εξακολουθούν να μου φαίνονται δύσκολα, ώστε να *μπορώ να τα αντιμετωπίσω καλύτερα τη στιγμή της παρουσίασης.*

Κατά τη διάρκεια της παρουσίασης, κρατάω τις σημειώσεις μου μαζί μου στο σύνολό τους (όχι μόνο ένα περίγραμμα). Παρόλο που τις περισσότερες φορές δεν τις χρειάζομαι, το γεγονός ότι ξέρω ότι μπορώ να βρω οποιαδήποτε ιδέα από την παρουσίασή μου με κάνει να αισθάνομαι καλύτερα.

Τέλος, αναζητώ πάντα την υποστήριξη των ματιών στην αίθουσα και σαρώνω τακτικά την αίθουσα για να ενθαρρύνω την προσοχή του ακροατηρίου.

10 ΚΑΛΥΤΕΡΕΣ ΣΥΜΒΟΥΛΕΣ

1. Κάντε στον εαυτό σας τις σωστές ερωτήσεις πριν αρχίσετε να προετοιμάζετε την ομιλία σας. Σε τι είδους κοινό θα απευθυνθείτε; Ποιος είναι ο στόχος της ομιλίας σας; Αυτές οι ερωτήσεις θα σας καθοδηγήσουν αποτελεσματικά στην προετοιμασία σας και θα σας εξοικονομήσουν χρόνο για τις μελλοντικές σας προπονήσεις.

2. Κάντε ασκήσεις αναπνοής. Από τη στιγμή που προετοιμάζεστε μέχρι τη στιγμή που ξεκινάτε, αφιερώστε χρόνο για να αναπνέετε καλά με απλές ασκήσεις. Ορισμένες θεατρικές πρακτικές είναι πολύ χρήσιμες για τον έλεγχο του καρδιακού σας ρυθμού και την "απελευθέρωση των αρνητικών δονήσεων".

3. Φροντίστε να είστε ιδιαίτερα προσεκτικοί στην αρχή της παρέμβασής σας. Μια καλή αρχή θα σας δώσει μεγαλύτερη αυτοπεποίθηση για την υπόλοιπη ομιλία. Προετοιμάστε ένα πρωτότυπο άγκιστρο ή εισαγωγή. Ένα χιουμοριστικό ανέκδοτο είναι συχνά ένας καλός τρόπος για να σπάσει ο πάγος.

4. Αποφύγετε, στο μέτρο του δυνατού, να γράφετε ολόκληρη την ομιλία σας και, κυρίως, μην διαβάζετε τις σημειώσεις σας όταν μιλάτε. Σκεφτείτε αυθόρμητα και φυσικά!

5. Εξασκηθείτε όσο περισσότερο μπορείτε. Όσο περισσότερο χρόνο αφιερώνετε στην πρόβα, τόσο καλύτερα θα κατέχετε την ομιλία σας και τόσο πιο άνετα θα αισθάνεστε όταν έρθει η ώρα. Η εξάσκηση μπορεί να μειώσει σημαντικά το άγχος.

6. Μην εστιάζετε στην εικόνα που μπορεί να στέλνετε. Αντ' αυτού, επικεντρωθείτε στη συνοχή μεταξύ της γλώσσας του σώματός σας και της ομιλίας σας. Πάνω απ' όλα, μην αφήνετε τη στάση σας να έρχεται σε αντίθεση με αυτά που λέτε.

7. Ακούστε το κοινό σας και να είστε ευέλικτοι. Δεν μπορείτε να προβλέψετε τη συμμετοχή τους, αλλά μπορείτε να διορθωθείτε, εφόσον είστε καλά προετοιμασμένοι και άνετοι με το θέμα.

8. Μην αφήνετε εξωτερικά στοιχεία να σας ενοχλούν. Και πάλι, πάντα θα υπάρχουν άγνωστοι παράγοντες που δεν μπορείτε να ελέγξετε. Ωστόσο, μπορείτε να ελέγξετε τις αντιδράσεις σας και να συνεχίσετε να χαμογελάτε και να διατηρήσετε την ενέργειά σας παρά το απροσδόκητο. Μείνετε συνεπείς.

9. Διατηρήστε τη σωστή στάση του σώματός σας στέκεστε όρθιοι. Μπορεί να μη φαίνεται σημαντικό, αλλά μελέτες έχουν δείξει ότι η όρθια στάση όχι μόνο μειώνει το άγχος και το στρες, αλλά σας δίνει περισσότερη αυτοπεποίθηση και ενέργεια, για να μην αναφέρουμε την καλύτερη αναπνοή, η οποία είναι ιδιαίτερα σημαντική αν πρόκειται να μιλάτε για περισσότερα από 30 λεπτά.

10. Μην βασίζεστε στα υλικά σας, καθώς αυτά είναι μόνο εργαλεία. Αν βασίζεστε σε μια παρουσίαση *PowerPoint*, μην υπερφορτώνετε τις διαφάνειες, αλλά απλοποιήστε τις. Ο στόχος είναι μόνο να βοηθήσετε το ακροατήριό σας να ακολουθήσει τη ροή της παρουσίασης και να συγκρατήσει τις πληροφορίες με λίγες λέξεις-κλειδιά. Εσείς θα πρέπει να παραμείνετε στο επίκεντρο της παρουσίασης.

"Η δημόσια ομιλία είναι κάτι στο οποίο πρέπει να δουλέψεις". Ακολουθούν μερικές συμβουλές που βασίζονται στην παρατήρηση και την πρακτική της δημόσιας ομιλίας από τον Georges Peillon (σύμβουλος, εκπαιδευτής και βοηθός στην επικοινωνία κρίσεων).

> *"Το 90% της επιτυχίας έγκειται στην προετοιμασία της παρέμβασης. Ας μην υπάρχει καμία αμφιβολία για αυτό, αν σας έχουν καλέσει, είναι επειδή είστε το καλύτερο πρόσωπο για να μιλήσετε για το συγκεκριμένο θέμα... Αυτό σημαίνει ότι πρέπει να βάλετε όλες τις πιθανότητες με το μέρος σας.*
>
> *Μερικοί άνθρωποι είναι πολύ άνισοι όταν πρόκειται να μιλήσουν, κάποιοι θα συσχετιστούν άμεσα με το ακροατήριό τους, ενώ άλλοι θα χρειαστούν μια προθέρμανση, δηλαδή μια πρόβα. Η δημόσια ομιλία είναι λίγο σαν να κάθεσαι σε μια καρέκλα: χρειάζεσαι τέσσερα πόδια για να είσαι σταθερός.*
>
> - **Το θέμα.** *Είστε το καλύτερο άτομο για να μιλήσετε για αυτό το θέμα; Αν η απάντηση είναι αρνητική, τότε θα πρέπει να παραιτηθείτε από το να ξεκινήσετε ένα εγχείρημα που ενέχει κινδύνους, όχι μόνο για την εικόνα που θα προβάλλετε στους άλλους. Αν, από την άλλη πλευρά, είστε ο ειδικός στο θέμα, δεν μπορείτε να αποφύγετε αυτό το αίτημα. Επομένως, θα πρέπει να θυμάστε να διαθέτετε επαρκή χρόνο για την προετοιμασία.*

- **Το κοινό.** *Πόσοι θα είναι εκεί; Θα μυηθούν στο θέμα ή θα χρειαστεί να προσπαθήσουμε να το εκλαϊκεύσουμε; Οι απαντήσεις σε αυτές τις ερωτήσεις είναι απαραίτητες αν θέλετε να κρατήσετε το κοινό σας σε αγωνία!*

- **Το πλαίσιο.** *Υπό ποιες συνθήκες θα μιλήσετε; Ποιες θα είναι οι τεχνικές συνθήκες; Ποιος θα μιλήσει πριν και μετά από εσάς; Θα καταγραφείτε; Τι ώρα θα μιλήσετε;*

- **Ομιλητής.** *Σε ποια κατάσταση του νου βρίσκεστε; Είστε νευρικοί, αγχωμένοι; Εάν ναι, θα εμφανιστεί. Σκεφτείτε ηρεμιστικές εικόνες που θα σας βοηθήσουν να ελέγξετε την κατάσταση και να προσπαθήσετε να μειώσετε το σκηνικό σας φόβο. Κάντε μερικές ασκήσεις αναπνοής.*

Τέλος, ένα ανέκδοτο. Σε ένα σεμινάριο για 150 διευθυντές επικοινωνίας, ένας ομιλητής επρόκειτο να παρουσιάσει τι είναι η οικονομική ευφυΐα. Ήταν ένας από τους καλύτερους ειδικούς στον τομέα του, και όμως η ομιλία του αποδείχθηκε καταστροφική για δύο λόγους. Πρώτον, του ήταν αδύνατο να ξεπεράσει το σκηνικό φόβο που τον παρέλυε: απλά φλυαρούσε και μπερδευόταν. Δεύτερον, στην επιθυμία του να μεταδώσει πολλές πληροφορίες, πνίγηκε στο υλικό που προβαλλόταν στην οθόνη. Μέχρι αργά το βράδυ, είχε πράγματι τροποποιήσει την παρουσίασή του προσθέτοντας και στη συνέχεια αφαιρώντας πληροφορίες. Μετά την ομιλία του, κανείς δεν κατάλαβε καλύτερα την έννοια της οικονομικής ευφυΐας...

Εν κατακλείδι, πρέπει να εκφωνήσετε μια απλή (όχι απλοϊκή) ομιλία, διότι αυτό που μετράει είναι αυτό που θα πείτε. Τίποτα άλλο".

ΣΥΧΝΕΣ ΕΡΩΤΗΣΕΙΣ

ΓΙΑΤΙ ΦΟΒΟΜΑΣΤΕ ΝΑ ΜΙΛΗΣΟΥΜΕ ΔΗΜΟΣΙΑ;

Η γλωσσοφοβία ή ο φόβος της δημόσιας ομιλίας προκαλείται κυρίως από το φόβο της κρίσης και του βλέμματος των άλλων. Μπορεί επίσης να προκληθεί από άλλους παράγοντες, όπως :

- Ο φόβος της αποτυχίας,

- ο φόβος να πούμε οτιδήποτε,

- ο φόβος ότι θα γελοιοποιηθεί κανείς,

- ο φόβος να βιώσετε μια στιγμή μοναξιάς,

- και συχνά ένας συνδυασμός πολλών από αυτούς τους φόβους.

Εργαστείτε στον εντοπισμό των προσωπικών σας φόβων σε αυτού του είδους την άσκηση, θέτοντας στον εαυτό σας τις σωστές ερωτήσεις – "Γιατί φοβάμαι τόσο πολύ τις δημόσιες ομιλίες;" ή "Τι διακινδυνεύω μιλώντας μπροστά σε άλλους;". – ώστε να αρχίσετε να εργάζεστε για τον εαυτό σας. Μόλις εντοπίσετε αυτές τις πηγές, θα σας είναι ευκολότερο να τις αντιμετωπίσετε.

ΠΟΙΕΣ ΠΡΑΚΤΙΚΕΣ ΑΣΚΗΣΕΙΣ ΒΟΗΘΟΥΝ ΣΤΗΝ ΑΝΤΙΜΕΤΩΠΙΣΗ ΤΟΥ ΑΓΧΟΥΣ;

Ασκήσεις αναπνοής

Μπορείτε να χρησιμοποιήσετε απλές αναπνευστικές ασκήσεις που σας επιτρέπουν να εστιάσετε στον καρδιακό σας ρυθμό και να τον ηρεμήσετε. Η αναπνοή τετραγώνου ή τεσσάρων βημάτων και η κινούμενη αναπνοή, όπως φαίνεται παραπάνω, είναι γρήγορες και εύκολες στην εκτέλεση. Άλλες γρήγορες ασκήσεις χαλάρωσης θα σας βοηθήσουν να ανακουφιστείτε από το στρες:

- **σκούπισμα,** το οποίο συνίσταται στην τοποθέτηση των άκρων των δακτύλων και των δύο χεριών στη μέση του μετώπου στο ύψος της γραμμής των μαλλιών και, στη συνέχεια, στην ολίσθησή τους προς τα πλάγια μέχρι να βγουν από το πρόσωπο. Αυτή η σαρωτική κίνηση, η οποία επαναλαμβάνεται τρεις φορές στην ίδια περιοχή, μπορεί επίσης να εκτελεστεί σε άλλα σημεία του προσώπου (ρίζα της μύτης, βλέφαρα, μάγουλα, στόμα, πηγούνι, λαιμός),

- **τη γρήγορη σάουνα,** τρίβοντας τα χέρια έντονα μεταξύ τους μέχρι να ζεσταθούν, τοποθετώντας τις παλάμες στα κλειστά βλέφαρα και αναπνέοντας ήρεμα μέχρι να κρυώσουν οι παλάμες,

- **Αυτομασάζ,** είτε στους κροτάφους, είτε στο πλέγμα, είτε στα μάγουλα.

Επιπλέον, η κοιλιακή αναπνοή, με μερικές κινήσεις, σας επιτρέπει να ηρεμήσετε σημαντικά και να ανακτήσετε έναν φυσιολογικό καρδιακό ρυθμό και την ηρεμία του σώματος. Προχωρήστε ως εξής:

- βήμα 1: χαλαρώστε τους μύες σας, τοποθετήστε το ένα χέρι στο στομάχι σας και κλείστε τα μάτια σας,

- βήμα 2: εισπνεύστε βαθιά από τη μύτη σας, φουσκώνοντας την κοιλιά σας ενώ κάνετε μασάζ γύρω από τον αφαλό σας,

- Βήμα 3: Εκπνεύστε πολύ αργά μέσα από το στόμα σας ενώ συνεχίζετε το μασάζ γύρω από τον αφαλό σας,

- Βήμα 4: Επαναλάβετε την άσκηση αρκετές φορές, εστιάζοντας στην εισπνοή και εκπνοή μέσω της κοιλιάς και κάνοντας μασάζ για να χαλαρώσετε την περιοχή της κοιλιάς σας.

Πρακτικές ασκήσεις κληρονομημένες από το θέατρο

Υπάρχουν επίσης πολλές ασκήσεις βασισμένες σε θεατρικές πρακτικές που σας επιτρέπουν να υποδυθείτε την ομιλία σας και να την κάνετε λιγότερο δραματική. Αν και είναι πιο δύσκολο να τις κάνετε μόνοι σας, ορισμένες ασκήσεις μπορούν να γίνουν και μεμονωμένα:

- μιλήστε όσο το δυνατόν γρηγορότερα. Το θέμα είναι να αναπτύξετε τη φαντασία και τη λεκτική ευχέρεια υπό πίεση. Για παράδειγμα, θα μπορούσατε να κάνετε αυτή την άσκηση με ένα ελαφρώς πιο δύσκολο μέρος της παρουσίασής σας και να προσπαθήσετε να παρουσιάσετε ή να εξηγήσετε τα σημεία όσο το δυνατόν πιο γρήγορα. Αυτή η τεχνική θα σας βοηθήσει τελικά να βρείτε ταχύτερους και ευκολότερους τρόπους για να εξηγήσετε τα πράγματα και, επομένως, να τα καταφέρετε πιο ομαλά την ημέρα,

- εξετάστε κάθε άτομο στο ακροατήριο αντί για την ομάδα. Αν φοβάστε περισσότερο το βλέμμα των άλλων, αυτή η άσκηση θα σας βοηθήσει σταδιακά να ξεπεράσετε αυτό το βλέμμα. Αν δεν μπορείτε να κάνετε αυτή την άσκηση με επαρκή αριθμό ατόμων, μπορείτε να την δοκιμάσετε στα κρυφά: περπατώντας στο δρόμο και κοιτάζοντας πραγματικά τους ανθρώπους που συναντάτε, ή σταματώντας σε ένα αδιέξοδο, σαν να περιμένετε κάποιον, και δίνοντας προσοχή στον τρόπο που θα σας κοιτάξουν οι άλλοι άνθρωποι. Μπορείτε, για παράδειγμα, να φορέσετε ένα χρωματιστό ρούχο για να τραβήξετε την προσοχή και να έχετε έτσι μια πραγματική αντιπαράθεση με το βλέμμα των άλλων,

- φανταστείτε ρεαλιστικά τι θέλετε να συμβεί στην παρουσίασή σας. Για να λειτουργήσει αυτό, η προβολή/εικονογράφηση πρέπει να είναι ρεαλιστική και να βασίζεται σε συγκεκριμένα στοιχεία. Μπορείτε, λοιπόν, να φανταστείτε το τέλος της παρουσίασής σας και τις παρατηρήσεις που έκαναν κάποια από τα μέλη του ακροατηρίου σας κατά τη διάρκεια των συζητήσεων. Σε αυτή την άσκηση, είναι σημαντικό να δίνετε προσοχή στο πώς αισθάνεστε, πώς αισθάνεστε και τι βιώνετε.

Καθώς ο καθένας είναι διαφορετικός, είναι σκόπιμο να αναζητήσετε, να δοκιμάσετε και να εφαρμόσετε διάφορες ασκήσεις που θα έχουν πραγματικό αποτέλεσμα στη διαχείριση του άγχους σας. Μπορείτε επίσης να λάβετε μέρος σε εργαστήρια ή σε μαθήματα αυτοσχεδιαστικού θεάτρου, τα οποία θα σας βοηθήσουν να δουλέψετε όχι μόνο στη λεκτική σας επικοινωνία, αλλά και στη μη λεκτική σας επικοινωνία και να αναπτύξετε μια ορισμένη ικανότητα να αποστασιοποιηθείτε από την εικόνα που προβάλλετε, ώστε να προσδιορίσετε ποια από αυτά θα έχουν πραγματική επίδραση στο άγχος και την ανησυχία σας. Κάντε τα δικά σας!

ΠΩΣ ΝΑ ΠΡΟΕΤΟΙΜΑΣΤΕΙΤΕ ΓΙΑ ΜΙΑ ΠΑΡΕΜΒΑΣΗ;

Η καλή προετοιμασία απαιτεί χρόνο και επιμονή. Πρέπει να είστε προετοιμασμένοι για το γεγονός ότι θα επαναλάβετε την ομιλία σας αρκετές φορές, θα αλλάξετε στοιχεία, εν ολίγοις, θα γυρίσετε την παρουσίασή σας μέχρι να την ενσωματώσετε πλήρως.

Συνολικά, πρέπει να σκεφτείτε :

- να κάνετε στον εαυτό σας τις σωστές ερωτήσεις από την αρχή,

- αναζητήστε πληροφορίες που μπορεί να σας λείπουν,

- Κάντε ένα σαφές σχέδιο για να παραδώσετε ένα ακριβές, περιεκτικό και επαγγελματικό μήνυμα,

- δουλέψτε πάνω στη φόρμα επαναλαμβάνοντας ξανά και ξανά,

- σκεφτείτε ένα αγκίστρι που θα τραβήξει την προσοχή του κοινού από την αρχή.

ΠΟΙΑ ΕΙΝΑΙ ΤΑ ΛΑΘΗ ΠΟΥ ΔΕΝ ΠΡΕΠΕΙ ΝΑ ΓΙΝΟΥΝ;

Υπάρχουν πολλές παγίδες που πρέπει να αποφύγετε. Μερικά από τα λάθη που δεν πρέπει να κάνετε είναι τα εξής

- παραμελώντας το κοινό της ,

- παραμελώντας την προετοιμασία του,

- παίζουν ρόλο,

- να είναι πολύ σοβαρός και απόμακρος,

- διαβάστε την παρουσίαση *PowerPoint*,

- να διαβάζετε ή να απαγγέλλετε σημειώσεις,

- να χρησιμοποιείτε γλωσσική ακαταστασία ("εεε", "έτσι", "έτσι", κ.λπ.),

- παραμένουν παγωμένα.

Κάντε ό,τι μπορείτε για να προσελκύσετε και να κρατήσετε την προσοχή του κοινού σας!

ΤΙ ΓΙΝΕΤΑΙ ΑΝ ΧΑΣΩ ΤΗΝ ΠΑΡΟΥΣΙΑΣΗ ΜΟΥ;

Δεν είναι ασυνήθιστο να χάσετε το νήμα αυτού που λέγατε λόγω υπερσυγκέντρωσης ή μετά από μια διακοπή. Μην πανικοβάλλεστε! Αν σας συμβεί αυτό, πάρτε τις σημειώσεις σας και ρίξτε μια γρήγορη ματιά σε αυτές. Τα οπτικά τεχνάσματα που έχετε αναπτύξει εκ των προτέρων θα σας βοηθήσουν να ανακάμψετε και να συνεχίσετε την παρουσίασή σας με ηρεμία. Σκεφτείτε, για παράδειγμα, την οργάνωση των λιστών ελέγχου σας:

- από τη μία πλευρά ο γραπτός σας λόγος,

- από την άλλη πλευρά, το σχέδιο της παρέμβασής σας, σχηματικό και οπτικό.

ΠΩΣ ΔΙΑΤΗΡΕΙΤΕ ΤΗΝ ΨΥΧΡΑΙΜΙΑ ΣΑΣ ΟΤΑΝ ΑΝΤΙΜΕΤΩΠΙΖΕΤΕ ΜΙΑ ΕΡΩΤΗΣΗ-ΠΑΓΙΔΑ;

Η διαχείριση των αντιδράσεών σας και η διατήρηση της ψυχραιμίας σας είναι αυτόματες δεξιότητες που θα πρέπει να υιοθετήσετε γρήγορα: θα αποκτηθούν μέσα από τις εμπειρίες σας στην ομιλία. Εκτός από τη βελτίωση της ποιότητας των παρουσιάσεών σας στη δουλειά, αυτό θα σας βοηθήσει και στην καθημερινή σας ζωή.

Έχετε κατά νου ότι το κοινό δεν είναι συνήθως εκεί για να σας ξεγελάσει ή να σας κάνει να νιώσετε άβολα. Όλοι γνωρίζουν πόσο δύσκολη μπορεί να είναι αυτή η άσκηση και αν σας κάνουν μια ερώτηση που δεν έχετε σκεφτεί, μην βιάζεστε. Αφιερώστε χρόνο για να σκεφτείτε και να απαντήσετε με την άνεσή σας, γιατί τελικά ΕΣΕΙΣ είστε υπεύθυνοι για την παρέμβαση, οπότε απολαύστε την!

Τέλος, παρόλο που μπορεί να έχετε προετοιμάσει το περιεχόμενο της παρουσίασής σας, μπορεί να μην είστε ειδικός στο θέμα. Επομένως, τολμήστε να παραδεχτείτε την κατά προσέγγιση γνώση του θέματος απαντώντας, για παράδειγμα, "Δεν είμαι σε θέση να σας απαντήσω αυτή τη στιγμή" ή "Δεν θέλω να λέω ανοησίες". Εξάλλου, όποιος νομίζει ότι γνωρίζει τα πάντα για ένα θέμα φαίνεται πολύ επιτηδευμένος. Έτσι, αν η κατάσταση το επιτρέπει, μη διστάσετε να πάρετε τα στοιχεία επικοινωνίας του ατόμου και να επικοινωνήσετε ξανά μαζί του αφού κάνετε περισσότερη έρευνα.

ΠΡΕΠΕΙ ΝΑ ΦΟΒΟΜΑΣΤΕ ΤΙΣ ΣΙΩΠΕΣ;

Οι σιωπές μπορεί να αποσταθεροποιήσουν πολύ κάποιους ανθρώπους. Το να μιλάτε γρήγορα και να γεμίζετε κάθε δευτερόλεπτο, για να αντισταθμίσετε το άγχος και να τελειώσετε μια παρουσίαση όσο το δυνατόν γρηγορότερα, θα προκαλέσει σίγουρα την άμεση απώλεια του ενδιαφέροντος του ακροατηρίου. Επομένως, επιλέξτε μια συμπεριφορά που θα φαίνεται ήρεμη, φυσική και βαθιά.

Οι σιωπές είναι χρήσιμες για δύο συναφείς λόγους:

* αναπνοή ,

* έναν πιο μέτριο ρυθμό ομιλίας.

Προσέξτε να μην πέσετε στην αντίθετη περίπτωση και μιλήσετε πολύ αργά ή κάνετε κατάχρηση των σιωπών. Όπως συμβαίνει με όλα, πρέπει να βρείτε τη σωστή ισορροπία! Και η εξάσκηση θα σας βοηθήσει πολύ σε αυτό το έργο.

ΕΙΝΑΙ ΑΚΟΜΑ ΑΠΑΡΑΙΤΗΤΗ ΜΙΑ ΠΑΡΟΥΣΙΑΣΗ *POWERPOINT*;

Εκ πρώτης όψεως, όλα δείχνουν ότι η ανάγκη για οπτικό βοήθημα εξαρτάται από το θέμα που σκοπεύετε να θίξετε και το πλαίσιο στο οποίο θα εκφωνήσετε την ομιλία σας. Ωστόσο, έχει γίνει αρκετά σπάνιο να δοθεί μια ομιλία χωρίς οπτικό βοήθημα (όπως το *PowerPoint*). Αυτό το εργαλείο έχει γίνει όλο και πιο δημοφιλές και είναι πλέον απαραίτητο για κάθε παρουσίαση. Συνιστάται στο πλαίσιο των :

* μια παρουσίαση που διαρκεί περισσότερο από 20 λεπτά,

* μια σύνθετη ή εντατική σε αριθμούς παρουσίαση.

Επιλέγοντας να παρουσιάσετε ένα οπτικό βοήθημα με δομημένες και επαναχρησιμοποιήσιμες πληροφορίες, διευκολύνετε την κατανόηση από τους ανθρώπους στους οποίους απευθύνεστε. Θα σας βοηθήσει επίσης να συγκρατήσετε πολλά δεδομένα, καθώς μια ομιλία διάρκειας άνω των 20 λεπτών συνεπάγεται ένα μάλλον πυκνό περιεχόμενο.

Για ορισμένες παρουσιάσεις, ιδίως για εσωτερικές συναντήσεις, μπορεί να είναι ενδιαφέρον και διδακτικό να προχωράτε κατά διαστήματα χωρίς υποστήριξη από *το PowerPoint* και να βασίζεστε στις ικανότητές σας στην ομιλία, οι οποίες ενισχύονται σημαντικά με την εξάσκηση. Προκαλέστε τον εαυτό σας, έτσι θα καταλήξετε να απολαμβάνετε την ομιλία.

ΑΠΟ ΕΣΑΣ ΕΞΑΡΤΑΤΑΙ!

Η επιτυχημένη δημόσια ομιλία, η πειθώ και η παράδοση ενός μηνύματος είναι εφικτή για όλους, επειδή είναι δυνατόν να αποφύγετε κάθε πιθανή πηγή άγχους, παρακάμπτοντας ή καταπολεμώντας τα με την εφαρμογή μιας σειράς προσωπικών τρικ!

1. Ξεκινήστε, λοιπόν, στοχεύοντας στις αιτίες του άγχους.

2. Ανακαλύψτε τους σχετικούς φόβους.

3. Σκεφτείτε σχέδια δράσης για να βελτιώσετε την κατάσταση και να ξεπεράσετε αυτό που σας κρατάει πίσω.

Δεδομένου ότι όλα έχουν να κάνουν με την προετοιμασία και τη δουλειά, σκεφτείτε τι σας καθυστερεί ή σας δημιουργεί προβλήματα και αφιερώστε περισσότερο χρόνο σε αυτό. Μόνο εσείς μπορείτε να αποφασίσετε πώς θα βγείτε από το τέλμα, οπότε είναι στο χέρι σας!

ΓΙΑ ΝΑ ΠΡΟΧΩΡΗΣΕΤΕ ΠΕΡΑΙΤΕΡΩ

ΒΙΒΛΙΟΓΡΑΦΙΚΕΣ ΠΗΓΕΣ

FRANC DESAGES (Caroline), « Comment gérer la peur de parler en public ? », στο *L'Express.fr*, 19 Μαΐου 2014.

http://www.lexpress.fr/styles/psycho/glossophobie-comment-gerer-la-peur-de-parler-en-public_1537311.html

Gannac (Anne-Laure), « Parler face au public », στο *Psychologies.com*, 2002.

http://www.psychologies.com/Moi/Moi-et-les-autres/Timidite/Articles-et-Dossiers/Oser-se-parler/Parler-face-au-public

GRANGE (Philippe), *Prise de parole en public à l'usage des managers et des communicants*, Paris, Faits & Chiffres, 2013.

HOLMES (Lindsay), "Οφέλη της καλής στάσης του σώματος στο άγχος, την παραγωγικότητα…: 6 λόγοι για να στέκεστε όρθιοι", στο *The Huffington Post*, 8 Οκτωβρίου 2014.

http://www.huffingtonpost.fr/2014/10/08/bienfaits-posture-stress-productivite-tenir-droit_n_5943986.html

Rouden (Elsa), "6 ασκήσεις χαλάρωσης κατά του στρες", στο *Femina.fr*, 9 Αυγούστου 2011.

http://www.femina.fr/Sante-Forme/Bien-etre/6-exercices-de-relaxation-contre-le-stress

SEMEUNACTE (Mohamed), "7 τεχνικές για αποτελεσματική (και ενδιαφέρουσα... για αλλαγή) δημόσια ομιλία", στο *Semeunacte.com*, 15 Ιανουαρίου 2014.

http://semeunacte.com/orateur-efficace

SORZANA (Catherine), *La prise de parole en public*, Παρίσι, Victoires Éditions, 2010.

IMPROVE YOUR
GENERAL KNOWLEDGE

IN THE BLINK OF AN EYE!

Κύριο ISBN: 9782808664493
ISBN: 9782808671910
Νόμιμη κατάθεση: D/2023/12603/513

Ψηφιακός σχεδιασμός: Primento,
ο ψηφιακός συνεργάτης των εκδοτών.